Inhalt

Umstellung auf IFRS - Anforderungen an das Controlling sind stark gestiegen

Kernthesen

Beitrag

Fallbeispiele

Weiterführende Literatur

Impressum

Umstellung auf IFRS - Anforderungen an das Controlling sind stark gestiegen

M. Westphal

Kernthesen

- Der IFRS-Standard ist für viele große Unternehmen verpflichtend bei der Erstellung des Jahresabschlusses.
- Die Anwendung der IFRS-Regelungen stellt für das Management wie auch Investoren wichtige Informationen bereit.
- Ein Abschluss nach IFRS hat für Unternehmen viele Vorteile, weshalb inzwischen auch viele kleinere und mittelständische Unternehmen freiwillig

nach IFRS bilanzieren.

Beitrag

Die für viele Unternehmen zwingenden Umstellungen auf den International Financial Reporting Standard (IFRS) stellen neue Anforderungen an das Controlling. So ist das Controlling jetzt auch deutlich stärker in die externe Rechnungslegung sowie die interne Kommunikation eingebunden.

Börsennotierte Unternehmen müssen nach dem IFRS-Standard bilanzieren, aber auch für andere Unternehmen kann dieser Standard interessant sein

Die EU-Vorgaben bestimmen, dass alle börsennotierten Unternehmen nach IFRS bilanzieren müssen. Dieses gilt ebenso für Unternehmen, die Schuldtitel emittieren, oder die in einem Nicht-EU-Staat börsennotiert sind und nach international anerkannten Standards bilanzieren.
In den Unternehmen, die ihren Abschluss gemäß den Regelungen des IFRS gestalten müssen, ist der

Umstellungsprozess der Abschlusserstellung nahezu abgeschlossen. Inzwischen überlegen aber gerade viele mittelständische Unternehmen, inwieweit eine solche Umstellung auch ihnen einen Nutzen erbringt. In Zukunft ist daher davon auszugehen, dass eine wachsende Anzahl von mittelständischen Unternehmen auch diesen Standard nutzen wird. Daher arbeitet das International Accounting Standards Board (IASB) daran, die Offenlegungspflichten auf diese Zielgruppe zuzuschneidern und in Form der ED-IFRS Erleichterungen zu definieren. Auch die Regelungen des neuen Bilanzrechtsmodernisierungsgesetzes (BilMoG) machen zumindest für kleinere Kapitalgesellschaften eine IFRS-Umstellung sehr attraktiv.
Problematisch für kleinere Unternehmen ist der hohe Aufwand, der mit einer IRFS-Einführung verbunden ist. Es muss daher in jedem Einzelfall sehr genau abgewogen werden, ob die Vorteile, die die transparentere Berichterstattung liefert, wie auch die Chance, einfacher internationale Kooperationen einzugehen, die Aufwände mindestens kompensieren. Für viele Unternehmen im Mittelstand ist die Verknüpfung des internen mit dem externen Rechnungswesen eine Motivation zur Umstellung auf den IFRS-Standard. (1), (4), (5)

Ein IFRS-Abschluss schafft viele entscheidungsrelevante Informationen

Die Ausrichtung der IFRS folgt dem Prinzip der decision usefulness, also der Bereitstellung entscheidungsrelevanter Informationen. Damit bildet ein Abschluss nach IFRS-Richtlinien aus betriebswirtschaftlicher Sicht deutlich sinnvollere Informationen ab und eignet sich auch für Controllingzwecke besser zur Steuerung des Unternehmens. Wurde bisher vor allem in großen kapitalmarktorientierten Unternehmen die Integration von internem und externem Rechnungswesen diskutiert, erreicht diese Überlegung jetzt auch kleinere, nicht kapitalmarktorientierte Unternehmen. Dabei schafft der vom IASB vorgestellte Entwurf zu erleichterten Vorschriften für kleinere Unternehmen neue Anreize, sich mit diesem Gedanken auseinanderzusetzen. (4)
Ein wesentliches Ziel der Erstellung des Jahresabschlusses ist die Eigeninformation für die Unternehmensleitung. Dabei erlangt das Unternehmen über den Jahresabschluss wichtige Informationen über die Vermögens, Ertrags- und Finanzlage. (4)
Die IFRS ermöglichen umfangreiche Informationen

für Anleger oder Investoren mit dem Fokus auf Risiko-Rendite-Überlegungen zum Unternehmen. Dabei kommen Kennzahlen eine große Bedeutung zu, diese müssen von Controllern erstellt werden. Ebenso muss der Controller dafür sorgen, dass wesentliche interne Informationen, die bisher nur den Entscheidungsträgern in Unternehmen zur Verfügung standen auch nach außen kommuniziert werden können. Das bedingt eine verstärkte Zusammenarbeit zwischen der Buchhaltungs- und Controllingabteilung. Dazu bietet es sich an, auch in der Organisation die Buchhaltung und das Controlling unter einer Führung zu integrieren, um den notwendigen Austauschen von Informationen institutionalisiert zu erleichtern. Ebenso bedingen die neuen Entwicklungen aber auch, dass die Controller sich Buchhaltungskenntnisse aneignen. (1)

Auch für kleinere Unternehmen kann die Umstellung auf IFRS von Vorteil sein

Vorteile, die sich für mittelständische Unternehmen durch die Umstellung auf IFRS ergeben, sind:
- Leichterer Zugang zu (günstigeren) Krediten
- Alternative Formen der Eigenkapitalfinanzierung

werden vereinfacht.
- Die Integration des internen mit dem externen Rechnungswesen ermöglicht eine verbesserte Unternehmenssteuerung.
- Benchmarking wird aussagekräftiger.
- Internationale Geschäftsbeziehungen werden erleichtert.
- Das Unternehmensimage verbessert sich. (5)

Ein Umstellungsprojekt auf IFRS-Standard verlangt die Integration vieler Abteilungen

Im Rahmen eines geplanten Umstellungsprojektes auf die IFRS-Regelungen ist das externe Rechnungswesen führend. Allerdings verlangt der Management Approach der IFRS nach einer Integration des internen und externen Rechnungswesens. Denn das externe Rechnungswesen benötigt zur Befriedigung des Informationsbedarfs der externen Adressaten viele Informationen aus dem Controlling, um den Ansprüchen des Management Approach gerecht zu werden. So kommt dann auch dem Controlling eine große Bedeutung zu. (5)
Im Rechnungswesen liegen die für die Erstellung eines Jahresabschlusses nach IFRS notwendigen

Daten nur teilweise vor. (2)
Im Controlling sind viele Informationsbedürfnisse, die das externe Rechnungswesen im Rahmen eines IFRS-Abschlusses benötigt, bereits vorhanden. (5)
Die IFRS-Regelungen sind sehr dynamisch. Das macht vielen Buchhaltern aber auch Controllern die Umstellung sehr schwer, sind sie doch an die in den letzten Jahrzehnten nahezu statischen Vorschriften des HGB gewohnt. (1)
Die Informationen, die ein IFRS-Abschluss zur Verfügung stellt, sind deutlich stärker investororientiert als die gemäß einem HGB-Abschluss, welcher mehr durch steuerliche Einflüsse und Gläubigerschutz geprägt ist. (5)
Ein Unternehmen, welches sich für die Umstellung auf die IFRS-Regelungen entscheidet, muss dafür die Abteilungen Buchhaltung, Bilanzierung, Finanzen, Investor Relations, Interne Revision und vor allem auch das Controlling involvieren. Außerdem werden signifikante Anpassungen der IT-Systeme notwendig. (5)
Im Umsetzungsprozess muss sich das Controlling vor allem um die Anpassung der Kostenarten kümmern. Aufgrund der häufig vorliegenden Verpflichtung zur Erstellung eines HGB-Abschlusses muss in den IT-Systemen eine parallele Datenhaltung für die unterschiedlichen Anforderungen der Rechnungslegungsvorschriften implementiert werden. Für die gemäß IFRS geforderten

gegenwartsbezogenen quantitativen Informationen muss die Kontenstruktur z. B. im Bereich der Abschreibungen des Anlagevermögens verfeinert werden. Außerdem muss der Kontenplan für die Abbildung vollkommen neuer Sachverhalte wie z. B. die Aktivierung selbst erstellter immaterieller Vermögenswerte gewährleistet werden. (5) Insbesondere kalkulatorische Kostenarten müssen sehr genau überprüft werden auf ihre Eignung für die spezifischen Zielsetzungen des internen Rechnungswesens nach IFRS. (5)
Die Berechnungslogik wie auch die Aussagefähigkeit verschiedener Kennzahlen muss überprüft werden, da häufig sachlich oder zeitlich abweichende Anforderungen bestehen zwischen HGB und IFRS. EVA-Methode wie auch Kennzahlen wie Umsatzrentabilität verlangen hier Adaptionen, um sicherzustellen, dass der Controller dem Management weiterhin entscheidungsrelevante Informationen liefern kann. (5)

Wesentliche Unterschiede der IFRS liegen in den Bewertungsgrundsätzen

Ein wesentlicher Vorteil der IFRS gegenüber dem

HGB ist, dass Entwicklungskosten aktiviert werden dürfen. Diese Regelung gilt auch für die ED-IFRS-Vorschriften. Die Controlling-Literatur bewertet aus Gründen der Verhaltenssteuerung die Aktivierung der Forschungs- und Entwicklungsaufwendungen sehr positiv. Denn diese Aufwendungen haben häufig Investitionscharakter, da sie in Folgeperioden zu Erträgen führen. Daher wird die Aktivierung dieser Aufwände im Gegensatz zur sofortigen Erfassung als Aufwand sehr positiv bewertet. (4)
Projekte werden nach IFRS gemäß der PoC-(Percentage-of-Completion)Methode bewertet. Das bedeutet, dass die Leistungen gemäß ihrem Fortschritt den Gesamtkosten und erlösen gegenübergestellt werden und damit eine bessere Überwachung ermöglicht wird. Das kann rechtzeitig eine positive Rückwirkung auf den Projekterfolg bedeuten. Allerdings ist aus Controlling-Sicht zu berücksichtigen, dass diese Methode daher sehr stark von der Zuverlässigkeit der entsprechenden Schätzungen abhängt. Außerdem müssen erwartete Verluste aus einem solchen Entwicklungsauftrag sofort antizipiert werden. (4)
Im HGB-Abschluss gibt es die Möglichkeit der Pauschalwertberichtigung aus einem mehrjährigen Durchschnitt. Im IFRS muss eine Portfoliowertberichtigung auf den aus Ratingergebnissen abgeleiteten Ausfallwahrscheinlichkeiten basieren. Damit ist aber

eine solche Bewertung auch deutlich volatiler als eine handelsrechtliche. Das bedingt die periodische Durchführung von Simulationsrechnungen durch das Controlling, um eine Prognosesicherheit zu erlangen. Das ermöglicht dann ein schnelles Gegensteuern, um die Volatilität nicht in die Finanzmarktkommunikation zu übertragen, da das dann unter Umständen zu einem Vertrauensverlust im Kapitalmarkt führen könnte. (2)

In der Fassung der IFRS für kleinere Unternehmen, den sogenannten ED-IFRS besteht ein Wahlrecht für die Bewertung immaterieller Vermögensgegenstände. So darf in Folgeperioden eine Bewertung zu fortgeführten Anschaffungskosten (revaluation model) durchgeführt werden. (4)

Fallbeispiele

In den Unternehmen der Kreditindustrie müssen für die Rechnungslegung neue Geschäftsprozesse definiert werden, um die komplexen Anforderungen alle zu erfüllen. Dabei kommt dem Controlling eine steuernde Rolle zu, denn nur das Controlling kennt die Interdependenzen der technischen Verarbeitungsprozesse, der bilanziellen Bewertung,

der internen Erfolgs- und Planungsrechnungen und eben auch der risikopolitischen Aspekte. (2)
Ein wesentlicher Faktor der IFRS ist, dass sie gemäß dem Fair Value Accounting bewerten. Das bedeutet, dass alle Vermögenswerte zu beizulegenden Zeitwerten zu bewerten sind. (2)
Die Informationen, die der Öffentlichkeit in einem IFRS-getriebenen Abschluss bekannt gemacht werden müssen, sind deutlich umfangreicher als bei einem HGB-Abschluss. (2)
Gerade die Anforderungen bzgl. der Bewertung von Vermögenswerten, die für Kreditinstitute von großer Bedeutung sind, verlangen nach Informationen, die im Rechnungswesen nicht vorliegen. Um den Anforderungen gerecht zu werden, muss das Controlling zur Bereitstellung von Daten wie auch Methoden eingebunden werden. (2)
In der Kreditindustrie führen die Bewertungsvorschriften nach dem Fair Value dazu, dass gerade zwischen den Bereichen Handel und Risikocontrolling und anderen beteiligten Organisationseinheiten kommunikationsrelevante Kontrollprozesse implementiert werden müssen. (2)
Gerade kleinere Unternehmen besitzen viel einfachere Organisationsstrukturen, in denen die Eigner häufig auch in die Geschäftsführung involviert sind. Das wiederum führt dazu, dass in diesen Unternehmen einer Anreizsteuerung durch das Rechnungswesen geringere Bedeutung hat. (4)

Eine Einführung eines IFRS-geprägten Abschlusses verlangt nach einem strukturierten Projektcontrolling, welches primär der Controlling-Abteilung zukommt. Nicht nur das Projektcontrolling muss vom Controlling sichergestellt werden, sondern auch inhaltliche Aspekte. (5)
Für Rechnungswesenpraktiker bestehen gerade in mittelständischen Unternehmen trotz der für sie geltenden Erleichterungen deutliche Ansatz- und Bewertungsunterschiede zwischen handelsrechtlichem und IFRS-Abschluss. Diese können recht komprimiert beschrieben werden, um damit auch einen Leitfaden bzw. auch Informationen zur Evaluation für den Sinn eines Umstiegs auf diesen Standard zu liefern. (3)

Weiterführende Literatur

(1) Laufend neue Standards für Bilanzierung aus Die Presse vom 2008-09-18, Seite: R2

(2) Bankorganisatorische Aspekte der IFRS aus Zeitschrift für das gesamte Kreditwesen 15 vom 01.08.2008 Seite 701

(3) Rechnungslegungsstandard für kleine und mittlere Unternehmen (SME): Abschlusserstellung auf Basis eines HGB-Abschlusses Erstellung von Bilanz und GuV-Rechnung des ersten laufenden ED-

SME-Abschlusses
aus Bilanzbuchhalter und Controller, Heft 07/2008, S. 157

(4) Eierle, Brigitte / Schultze, Wolfgang / Bischof, Bettina / Thiericke, Sandra, Eignung der IFRS für Controllingzwecke, Ergebnisse einer empirischen Befragung nicht kapitalmaktorientierter Unternehmen, Controlling, Heft 06/2008, S. 289-298
aus Bilanzbuchhalter und Controller, Heft 07/2008, S. 157

(5) Baltzer, Björn / Michel, Uwe, Der Beitrag des Controllings im IFRS-Umstellungsprojekt, Controlling, Heft 06/2008, S. 299-305
aus Bilanzbuchhalter und Controller, Heft 07/2008, S. 157

Impressum

Umstellung auf IFRS - Anforderungen an das Controlling sind stark gestiegen

Bibliografische Information der deutschen Nationalbibliothek

Die Deutsche Nationalbibliothek verzeichnet diese Publikation in der deutschen Nationalbibliografie; detaillierte bibliografische Daten sind im Internet über http://dnb.d-nb.de abrufbar.

ISBN: 978-3-7379-0062-1

© 2015 GBI-Genios Deutsche Wirtschaftsdatenbank GmbH, Freischützstraße 96, 81927 München, www.genios.de

Alle Rechte vorbehalten. Dieses Werk ist einschließlich aller seiner Teile – z.B. Texte, Tabellen und Grafiken - urheberrechtlich geschützt. Jede Verwertung außerhalb der Grenzen des Urheberrechtsgesetzes bedarf der vorherigen Zustimmung des Verlags. Dies gilt insbesondere auch für auszugsweise Nachdrucke, fotomechanische

Vervielfältigungen (Fotokopie/Mikroskopie), Übersetzungen, Auswertungen durch Datenbanken oder ähnliche Einrichtungen und die Einspeicherung und Verarbeitung in elektronischen Systemen.